"एक कदम ज़िंदगी की ओर"

सारिया अंसारी

यह किताब

मेरी प्यारी माताजी, मेरे प्यारे पिताजी

और मेरी प्यारी सासू मां, मेरे जीवनसाथी

को समर्पित है

लेखिका के बारे में

सारिया अंसारी उर्फ़ रुबाब एक लेखिका और सर्टिफाइड इंटरनेशनल लाइफस्टाइल कोच भी हैं।

यूपीटीयू की परीक्षा क्वालीफाई करके इन्होंने बाबू बनारसी दास नॉर्दर्न इंडिया इंस्टीट्यूट आफ टेक्नोलॉजी से बीटेक सिविल से किया। फिर गेट एग्ज़ाम क्वालिफाई करने के बाद इन्होंने एम टेक किया।

गलत खानपान और ख़राब जीवन शैली के चलते इनका वज़न 80 किलो के पार होने लगा। इन्होंने ख़ुद से बहुत प्रयास किया परंतु सेहत में कोई सुधार नहीं आया।

फिर इन्होंने एक क्लब ज्वाइन किया एक्टिव लाइफस्टाइल क्लब जो राष्ट्रीय स्तर पर तीन बार पुरस्कृत किया गया है।

क्लब ज्वाइन करने के बाद इन्होंने अपने कोच मोहम्मद शकेबुल हक़ सर और मोहम्मद अनीस सिद्दीकी सर की गाइडेंस में अपनी सेहत में सुधार करने के साथ-साथ 23 किलो हेल्दी फेट लॉस भी किया।

पोषण अभियान से इन्हें कई सर्टिफिकेट भी प्राप्त हुए। उसके बाद फिट इंडिया मूवमेंट में पार्टिसिपेट करते हुए इन्होंने 50 से भी अधिक लोगों की सेहत बेहतर करने में मदद की।

चार साल से भी अधिक समय से वह लोगों के जीवन को बेहतर बनाने में मदद कर रही है। बचपन से ही लेखिका की यह कोशिश रहती थी कि लोगों की सेहत अच्छी रहे, उनके सोचने समझने का तरीका बेहतर हो।

बचपन में लेखिका अपनी सहेलियों को पी.टी भी कराया करती थी। स्कूल में हमेशा ऐसी स्पीच, थॉट्स बोलती थी कि लोग सकारात्मक, आशावादी, प्रेरित रहे। बहुत से स्टूडेंट और टीचर्स उनके टॉपिक्स की बहुत तारीफ करते थे।

लेखिका की हमेशा कोशिश यही रहती थी कि जो भी उनसे बात करें बेहतर महसूस करें। लेखिका रीलस् ,पोस्टस् के माध्यम से भी हेल्थ टिप्स देती रहती हैं सारिया.एक्टिव (sariya.active) के नाम से ये इंस्टाग्राम पर भी है। एक्टिव लाइफस्टाइल क्लब में लाइव एजुकेशन सेशन भी देती रहती हैं। लेखिका पूरी मेहनत और लगन के साथ लोगों के जीवन को बेहतर बनाने में लगी है।

इनका यह लक्ष्य है कि इस पूरी दुनिया को स्वस्थ और ख़ुशहाल बनाना है।

किताब के बारे में

"एक कदम ज़िंदगी की ओर" पुस्तक उन लोगों के लिए है जो अपने जीवन को बेहतर बनाना चाहते हैं।

इस किताब में मानसिक, भावनात्मक, धार्मिक, शारीरिक स्वास्थ्य को किस तरह से बेहतर बनाना है इस पर गहन चर्चा की गई है।

ज्यादातर लोग शारीरिक स्वास्थ्य पर ही सारा ध्यान केंद्रित करते हैं पर मानसिक, भावनात्मक, धार्मिक स्वास्थ्य भी उतना ही ज़रूरी होता है जितना शारीरिक स्वास्थ्य।

इस किताब में पोषण जागरूकता, व्यायाम का महत्व तथा अन्य चीज़ों पर गहन चर्चा की गई है।

इस किताब को जो भी समझ-समझ कर आराम से अपने जीवन में उतारने की कोशिश करेगा उसे बहुत फायदा होगा।

इस किताब को लिखने के लिए सबसे अधिक मेरी माताजी श्रीमती उम्मे हानी जी, मेरे कोच मोहम्मद शकेबुल हक़ सर, मोहम्मद अनीस सिद्दीकी सर और मेरी प्यारी सासू मां ने मुझे बहुत प्रेरित किया।

मेरी प्यारी सासू मां कोई आम सास नहीं बल्कि एक बहुत ही ख़ास सास है। जब उनको पता चला कि मेरा किताब लिखने का इरादा है तो उन्होंने मेरी पीठ थपथपाई, मुझे बहुत मोटिवेट किया कि मेरी आंखें भर आई मेरी हिम्मत बढ़ी। मेरे पतिजी मंज़ूर अहमद ने भी मुझे बहुत सपोर्ट किया।

इस किताब को पूरा करने में मुझे 10 महीने के आसपास का समय लगा। इस किताब को पूरा करने में मुझे मेरे परिवार, मेंटर और दोस्तों ने बहुत प्रोत्साहित किया।

मैं इन सभी लोगों की तहे दिल से शुक्रगुज़ार हूँ मेरी माता जी श्रीमती उम्मे हानी जी, मेरे बड़े भाई मिस्टर शरजील अहमद उर्फ़ शादाब, मेरे छोटे भाई मिस्टर नबील अहमद उर्फ़ शिहाब, मेरी सासू मां शमसुन निशा जी, मेरे जीवनसाथी मंज़ूर अहमद, सोफिया मसूद, यासमीन अंसारी, आफरीन अंसारी, ज़हरा अंसारी, मेरे कोच मोहम्मद अनीस सिद्दीकी सर, मोहम्मद शकेबुल हक़ सर, मेरी सहेलियां डॉ साफिया कय्यूम हाशमी, इंजीनियर प्रतिमा कुमारी, अफसरी बानो आदि। मैं कायनात परवीन जी को शुक्रिया कहना चाहती हूँ फ्रंट कवर फोटो उन्होंने लिया।

मैं सभी दोस्तों, शुभचिंतकों, टीचर्स और मेरे प्रियजनों को शुक्रिया कहना चाहती हूँ।

सारिया अंसारी

शुभकामनाएं

मेरी कहानी

सारिया अंसारी उर्फ़ रुबाब एक लेखिका और सर्टिफाइड इंटरनेशनल लाइफस्टाइल कोच भी हैं। ये 11वीं के बाद ही इंजीनियरिंग की पढ़ाई के लिए बाहर चली गयीं।

11वीं के बाद ही इन्होंने लखनऊ से फाउंडेशन कोर्स किया। यूपीटीयू की परीक्षा क्वालीफाई करके उसके माध्यम से इन्होंने बाबू बनारसी दास नॉर्दर्न इंडिया इंस्टीट्यूट आफ टेक्नोलॉजी लखनऊ से बीटेक सिविल में एडमिशन लिया।

बीटेक के शुरुआती दौर में इनका वज़न ठीक-ठाक था वो ख़ुश रहती थी पर धीरे-धीरे वज़न बढ़ने लगा जिसकी वजह से इनके आत्मविश्वास में कमी आने लगी बहुत से सवालों का जवाब पता होने के बाद भी इनको बात करने में झिझक महसूस होने लगी। इनको लिखने में आसानी थी तो इन्होंने उस पर अपना ध्यान केंद्रित किया और बहुत अच्छे नंबरों से बीटेक की पढ़ाई पूरी की।

लखनऊ से बीटेक की पढ़ाई पूरी करने के कुछ दिनों बाद ही ये दिल्ली चली गयीं गेट एग्ज़ाम की तैयारी करने।

लंबी क्लासेस, गलत खानपान और बहुत कम शारीरिक गतिविधियों की वजह से दिल्ली में रहते हुए इनका वज़न और बढ़ने लगा।

पढ़ाई की वजह से कभी लखनऊ, कभी दिल्ली, सही खान-पान और समय की कमी की वजह से इनकी जीवनशैली पर भी प्रभाव पड़ा। जिसकी वजह से वज़न बढ़ते-बढ़ते 80 किलो के पार होने लगा।

इनको अपने स्कूल टाइम में सोबर स्टूडेंट अवार्ड भी मिला था। ये बचपन से बहुत सकारात्मक, उत्साहित, ख़ुशमिजाज़ और शांत रहती थी। पर वज़न बढ़ने की वजह से इनके स्वभाव में भी परिवर्तन आने लगा। इनके अंदर गुस्सा, चिड़चिड़ापन बढ़ने लगा। इनको हर वक्त थकान और कमज़ोरी रहने लगी।

इनकी एकाग्रता पर भी इसका असर पड़ा जिसकी वजह से पढ़ाई पर भी इसका प्रभाव पड़ा।

गेट की परीक्षा क़ालीफाई करने के बाद इन्होंने ये निर्णय लिया कि अब इन्हें अपनी सेहत पर ध्यान देना है। इन्होंने स्वयं से बहुत प्रयास किया नींबू पानी, जीरा पानी, यूट्यूब से देखकर फैट लॉस ड्रिंक्स भी बनाकर पिया पर कुछ फायदा नहीं हुआ।

यूट्यूब से देखकर एक्सरसाइज भी करती थी, बहुत ज्यादा वॉक भी करती थी इतनी ज्यादा कि इनके पैरों में सूजन तक आ जाती थी।

इन्होंने डाइटिंग भी कि इन्हें लगता था कि शायद कम खाने से या खाना पीना छोड़ देने से इनका वज़न कम हो जाएगा पर ऐसा कुछ भी नहीं हुआ बल्कि कमज़ोरी और वज़न दोनों ही बढ़ता गया।

इनके बड़े भाई मिस्टर शरजील अहमद उर्फ़ शादाब ने उन्हें एक साइकलिंग मशीन भी लाकर दी जिस पर बैठकर ये साइकलिंग करती थी जो इन्हें बहुत ही बोरियत वाला काम लगता था, 10-15 मिनट से ज्यादा देर वो कर नहीं पाती थी।

ये अपने पिता के साथ मॉर्निंग वॉक पर भी जाया करती थी पर उससे भी कुछ ख़ास फायदा नहीं हुआ। अचानक हार्ट अटैक से पिता की मृत्यु हो गई जिसकी वजह से ये तनावग्रस्त भी हो गई।

इनका पूरा परिवार इनको लेकर चिंतित था। इनका परिवार कुछ ऑनलाइन ढूंढ रहा था जो सर्टिफाइड भी हो और एक्सपीरियंस लोग भी हों।

फिर इनके छोटे भाई नबील अहमद उर्फ़ शिहाब ने अपने एक प्रोफेसर के बारे में बताया जो इंजीनियरिंग यूनिवर्सिटी में प्रोफेसर होने के साथ-साथ एक हेल्थ एंड वैलनेस कोच भी है मोहम्मद शकेबुल हक़ सर।

मोहम्मद शकेबुल हक़ सर ने लेखिका को एक ऑनलाइन/ऑफलाइन क्लब एक्टिव लाइफस्टाइल क्लब जो राष्ट्रीय स्तर पर तीन बार पुरस्कृत हुआ है उससे अवगत कराया।

क्लब में 150 से भी अधिक परिवार मिलकर एक्सरसाइज करते हैं। एक दूसरे को प्रोत्साहित करते हैं, एक दूसरे की सेहत के लिए प्रार्थना करते हैं और बधाई देते हैं। क्लब का माहौल बहुत ही ज्यादा सकारात्मक है।

क्लब में 30 से भी अधिक कोचेस है, जिनके माध्यम से रोजाना उच्चस्तर की एजुकेशन भी दी जाती है।

क्लब में अलग-अलग प्रकार की एक्सरसाइज भी होती हैं। योगा और रोजाना मेडिटेशन भी कराया जाता है। यहां शारीरिक स्वास्थ्य के साथ-साथ माइंडसेट पर भी बहुत काम किया जाता है।

ये कहतीं हैं कि मेरे कोच मोहम्मद शकेबुल हक़ सर और मोहम्मद अनीस सिद्दीकी सर ने मुझे बहुत गाइड किया, प्रोत्साहित किया और मेरे माइंडसेट को सकारात्मक बनाने में बहुत मदद की।

आज भी जब कभी भी इनको गाइडेंस की ज़रूरत होती है तो इनके कोच मोहम्मद शकेबुल हक़ सर और मोहम्मद अनीस सिद्दीकी सर इन्हें हमेशा गाइड करते हैं। यें तहे दिल से उनका शुक्रिया अदा करती है।

अपने कोच सर की गाइडेंस में इन्होंने अपनी जीवन शैली और खाने पीने की आदतों में परिवर्तन किया।

मात्र 15 दिनों में इनकी सेहत में सुधार दिखने लगा। लगभग 8 महीनों में 23 किलो अतिरिक्त चर्बी कम की। उसके साथ-साथ इनकी त्वचा भी स्वस्थ हो गई तथा अन्य फायदे भी हुए। यें पहले से और भी ज्यादा ख़ुश रहने लगीं।

फिर इन्होंने लखनऊ यूनिवर्सिटी से एम टेक किया स्ट्रक्चरल स्पेशलाइजेशन से।

इस दौरान यें क्लब से भी जुड़ी रहीं। इनका एकेडमिक रिज़ल्ट भी बेहतर होने लगा। बहुत अच्छे नंबरों से इन्होंने अपना एम टेक पूरा किया।

साथ ही साथ वो क्लब से ट्रेनिंग भी लेती रहीं कि लोगों की सेहत में सुधार कैसे लाना है। यें नहीं चाहती थी कि जिन तकलीफ़ों से यें गुज़री थी उससे कोई और भी गुज़रे।

इन्होंने 8 साल हॉस्टल में रहकर बहुत सी लड़कियों को फिट रहते हुए भी अत्यधिक तनावस्त पाया।

फिर इन्होंने अपने जीवन का यह लक्ष्य बना लिया कि इन्हें इस दुनिया का दुख कम करना है, जो भी लोग ख़राब सेहत से या बढ़ते वज़न से परेशान है उनकी मदद करना है। आजकल लोग

शारीरिक बीमारियों से ज्यादा मानसिक और भावनात्मक रूप से परेशान है।

इन्होंने सबसे पहले अपने सोचने और बात करने के तरीके पर ध्यान दिया। यें जब भी लोगों से बात करती थी इस बात पर विशेष ध्यान देती थीं कि इनकी बातों से लोगों को अच्छा महसूस हो। यें हमेशा मुस्कुराते हुए लोगों से सकारात्मक ऊर्जा के साथ बात करने की कोशिश करती थी।

लेखिका से काफी लोगों ने कहा कि उन्हें आपसे बात करना अच्छा लगता है, आप हमेशा मुस्कुराते हुए बात करती हैं।

वैसे तो लेखिका बहराइच से हैं, परंतु इन्होंने अन्य शहरों, देशों में भी लोगों की सेहत में सुधार लाने में मदद की है। बहराइच, इलाहाबाद, मऊ, लखनऊ, बस्ती, यूके (बर्मिंघम), अमेरिका आदि।

इनका अब लक्ष्य है कि इस पूरी दुनिया को स्वस्थ और खुशहाल बनाना है। यें रील्स और पोस्टस के माध्यम से भी हेल्थ टिप्स देती रहती हैं सारिया.ऐक्टिव (sariya.active) के नाम से इंस्टाग्राम पर भी हैं। यें एक्टिव लाइफस्टाइल क्लब में लाइव एजुकेशन सेशन भी देती रहती है।

हेल्थ डे पर इनको एक गेस्ट लेक्चर के रूप में इंटीग्रल यूनिवर्सिटी में भी आमंत्रित किया गया।

इनके कई आर्टिकल्स भी लखनऊ के अख़बारो में छप चुके हैं। यें पूरी मेहनत और लगन के साथ लोगों के जीवन को बेहतर बनाने में लगीं है।

Before
After
Results are not typical individual result may vary

विषय सूची

1- सेल्फ लव

आप बहुत ख़ास हैं, ये ख़ुद से कहें हर दिन, सुबह-शाम । ऐसा करना बहुत ज़रूरी है, कितना ज़रूरी जितना जीने के लिए ऑक्सीजन ।

जब आप ख़ुद को ख़ास समझेंगे तभी आप ख़ुद से प्यार करेंगे। आपको ख़ुश रहने के लिए किसी इंसान या किसी मोटिवेशन की ज़रूरत नहीं होगी।

"पैसा जीने के लिए बहुत ज़रूरी है, पर ख़ुश रहना उससे भी ज्यादा"

मैंने बहुत से ऐसे लोगों को देखा है, जिनके पास बहुत पैसा है ज़रूरत की हर चीज़ मौजूद है पर उनके चेहरे पर कोई ख़ुशी नज़र नहीं आती और बहुत से ऐसे ग़रीब लोग देखें हैं जिनके चेहरे की हंसी, उनकी ख़ुशी देखकर मैं हैरान हो जाती हूँ कि इन्हें कौन सा कुबेर का ख़ज़ाना मिल गया है।

अब तक की ज़िन्दगी से मैंने ये सीखा है कि पैसा बहुत ज़रूरी है जीने के लिए पर उसका आपकी ख़ुशी से कुछ लेना देना नहीं है।

"ख़ुश रहिये, मुतमाईन रहिये और आगे बढ़ते रहिये"

ज़िन्दगी का हर एक फेज़ बहुत ख़ूबसूरत होता है, चाहे बचपन हो, स्कूल लाइफ, कॉलेज लाइफ या आगे की ज़िन्दगी, क्योंकि बीता पल लौटकर नहीं आता।

हम परफेक्ट मोमेंट के इन्तिज़ार में उन ख़ास पलों को इंजॉए ही नहीं कर पाते हैं, जो दरअसल परफेक्ट मोमेंट ही होते है। बस वो पल बीत जाने पर हमें एहसास होता है। ख़ुद को प्यार करना शुरू कर दीजिए, उसके लिए ख़ुद को माफ़ करना बहुत ज़रूरी है।

अभी आप जिस भी मुक़ाम पर है, बहुत अच्छा है आगे और भी अच्छा होगा। बस ख़ुद को अब तक की, की गई मेहनत के लिए शाबाशी देते रहिये ।

रोज़ एक काम ज़रूर कीजिये, आइने के सामने खड़े हो जाएं और अपना नाम लेकर कहिये-

''सारिया तुम बहुत ख़ास हो ''

''सारिया तुम बहुत ख़ूबसूरत हो''

''सारिया तुम बहुत स्वस्थय हो''

''सारिया तुम अपना बेस्ट कर रही हो''

''सारिया तुम बहुत ख़ुश और मुतमाईन हो''

ज़िन्दगी कोई सीधी सड़क नहीं होती, उतार-चढ़ाव जीवन का हिस्सा है। आप उन उतार-चढ़ाव से लड़ये मत, बस खड़े रहिये, जैसे पतझड़ के मौसम में सारी पत्तियों के झड़ जाने के बाद भी पेड़ अपनी जगह पर खड़ा रहता है।

उसी तरह से क्या आप ख़ुद का ख़्याल रखते हैं? आपके शरीर को हर 20 किलो पर 1 लीटर पानी की ज़रूरत होती है। क्या आपने अपने वज़न के हिसाब से आज पानी पिया ?

आपके शरीर को रोज़ाना संतुलित आहार (Balanced Diet) की ज़रूरत होती है:

- Carbohydrate (कार्बोहाइड्रेट)- 40%
- Protein (प्रोटीन)-30%
- Fats (वसा) 30%
- Fibre (फाइबर) 25 gm
- Minerals & Vitamins (मिनरल्स एवं विटामिन)
- Phytonutrients (फाइटोन्यूट्रिएंट्स)
- Omega-3 (ओमेगा-3)

क्या आपके शरीर को रोज़ाना ये सारी चीज़ें मिल रही हैं? ख़ुद से सवाल करयें।

2- स्वास्थ्य

आजकल की भागदौड़ भरी ज़िंदगी में हम अपने स्वास्थ्य पर बिलकुल ध्यान नहीं दे पा रहे है, जिसकी वजह से बहुत सारी स्वास्थ्य सम्बंधी समस्याएं उत्पन्न हो रहीं है।

आज हमें सिर्फ़ शारीरिक ही नहीं, बल्कि मानसिक और भावनात्मक रूप से भी बहुत सारी दिक्कतों का सामना करना पड़ रहा हैं।

मोटापा, हृदयरोग, हॉर्मोनल असंतुलन, घुटने में समस्यां, बी पी, कोलेस्ट्रॉल, मधुमय, पाचनतंत्र की समस्यां, याद्दाशत का कमजोर होना, आलय, किसी काम में मन न लगना, अत्यधिक गुस्सा व चिड़चिड़ापन का होना, एंज़ाइटी, डिप्रेशन, निगेटिव मांडसेट और बहुत सारी समस्यांओं का सामना करना पड़ रहा है ।

इसका मुख्य कारण ख़राब जीवनशैली और सही खानपान की जानकारी का ना होना है।

फिज़िकल एक्टिविटी बहुत कम हो गई है। इलेक्ट्रॉनिक गैजेट्स का बहुत ज्यादा इस्तेमाल होने लगा है ।

आजकल लोगों में, समाज में कंपटीशन की भावना बहुत बढ़ गई है, जिसकी वजह से व्यक्ति के मन में प्रेम और दोस्ती के बजाए प्रतिस्पर्धा की भावना ने घर कर लिया है।

जिसकी वजह से व्यक्ति एक दूसरे को ऊपर उठाने के बजाए टांग खींचने में लगा है । जिससे समाज में एक नेगेटिव एनवायरनमेंट क्रिएट होता चला जा रहा है ।

लोगों का आपस में बातचीत करना मिलना- जुलना बहुत कम हो गया है । आजकल लोग मोबाइल, लैपटॉप, टीवी पर ज्यादा समय बिताने लगे हैं । जंक फ़ूड, अनहेल्दी फ़ूड ज्यादा खाने लगे हैं। प्रकृति से दूर होते चले जा रहे हैं।

अच्छा खाना, अच्छी जीवनशैली, अच्छा स्वास्थ्य, अच्छी संगति, व्यक्ति की उन्नति के लिए बहुत आवश्यक होता है ।

अच्छा स्वास्थ्य हमारे जीवन के लिए बहुत ज़रूरी होता है । रोग मुक्त जीवन को अच्छा स्वास्थ्य कहा जा सकता है, पर सिर्फ़ शारीरिक ही नहीं बल्कि, जब हम शारीरिक, मानसिक, भावनात्मक, आध्यात्मिक रूप से संतुलित होते हैं, तो उसे स्वस्थ कहा जा सकता है ।

एक स्वस्थ व्यक्ति अपने जीवन में उन्नति की ओर जाता है, सफलता उसके कदम चूमती है ।

एक सफल व्यक्ति की परिभाषा सिर्फ़ अथाह पैसा होना ही नहीं होता है, बल्कि एक सफल व्यक्ति ख़ुद से संतुष्ट, ख़ुश, स्वस्थ, दूसरों को ऊपर उठने की भावना का होना, एक ऐसा व्यक्ति जिसके होने से दूसरे व्यक्ति को, समाज को, देश को लाभ हो, ऐसा व्यक्ति सफल माना जा सकता है ।

2.1- मानसिक स्वास्थ्य

आएये, आज हम ऐसे स्वास्थ्य पर बात करते हैं, जिस पर अधिकतर लोग बात करने से कतराते हैं या उसे उतनी अहमियत नहीं देते जितनी देनी चाहिए।

" वह है हमारा मानसिक स्वास्थ्य"

मानसिक स्वास्थ्य को इस तरह से परिभाषित किया जा सकता है कि हम किस तरह से सोचते और प्रतिक्रिया करते हैं । शुगर, बीपी जैसी आम शारीरिक समस्याओं की तरह डिप्रेशन (तनाव), एंजायटी (चिंता) जैसी बहुत सी मानसिक बीमारियों से आजकल लोग जूझ रहें हैं ।

इसकी कोई एक वजह नहीं है पर सबसे बड़ी वजह ये है कि हमारे समाज ने हमारे दिमाग़ की ऐसी प्रोग्रामिंग कर दी है कि हमें हमेशा प्रथम स्थान पर ही आना है, क्लास में सबके अच्छे नंबर आएं पर हमारा एक नंबर ज्यादा होना चाहिए, ख़ूबसूरती में भी आगे, पड़ोसी से थोड़ी बड़ी गाड़ी होनी चाहिए।

बहुत से लोग इसलिए भी आपकी कमियों/ गलतियों का मज़ाक बनाते हैं, क्योंकि वह ख़ुद ही हीन भावना से ग्रसित होते हैं या फिर शायद उन्हें यह बात पता ही नहीं की हर इंसान किसी न किसी चीज़ में दूसरे इंसान से बेहतर होता है ।

इसलिए जब वह दूसरों की कोई ख़ूबी देखते हैं, फिर उसे ख़ुद में न पाकर उदास हो जाते हैं वह यह क्यों नहीं सोचते हैं कि जब हर

इंसान एक दूसरे से रंग- रूप, आवाज, कद- काठी, यहां तक कि उनकी उंगलियों की छाप भी एक जैसी नहीं होती तो एक जैसी ख़ूबी का होना ज़रूरी तो नहीं, पर यह ज़रूर है कि आप में कोई ना कोई ख़ूबी ज़रूर है ।

बस उसे ढूंढने या तराशने की ज़रूरत है, क्योंकि ईश्वर हर इंसान को ख़ास बनाता है।

बस आपको दूसरों पर से ध्यान हटाकर ख़ुद पर ध्यान केंद्रित करने की आवश्यकता है ।

एक यह भी वजह है ख़राब मानसिक स्वास्थ्य की कि लोगों ने आपस में खुलकर बात करना बंद कर दिया है ।

इसकी एक वजह डर भी है कि सामने वाला मेरा मज़ाक ना बनाने लगे या सब को बता ना दे ।

अगर किसी को बुख़ार होता है, तो वह निसंकोच किसी को भी बता देता है, पर अगर उसे बेवजह उदासी या उलझन होती है तो वह ख़ुद से भी नहीं कहता।

ऐसे में उस इंसान को ज़रूरत होती है, एक सच्चे दोस्त की जिससे वह अपनी बात कह सके । वह दोस्त कोई भी हो सकता है, आपके परिवार का कोई सदस्य या आपका कोई सहपाठी ।

अगर कोई नहीं मिलता तो ईश्वर से कहें आपका परम मित्र, आप चाहे तो ख़ुद से भी बात कर सकते हैं बस एक डायरी और पेन चाहिए या फिर आईने के सामने खड़े होकर कहें या फिर जैसे भी आपका मन करें।

लोग बात करने के बजाय मोबाइल उठा लेते हैं वह सोशल मीडिया में खो जाते हैं इस उम्मीद में कि शायद कुछ पल सुकून के मिल जाए। कुछ लोग दूसरों का दुख देखकर यह सोचते हैं कि हमारे जैसे और भी कितने लोग हैं, शायद और भी ज्यादा ख़राब परिस्थितियों में और फिर वह अपनी परिस्थितियों से कुछ हद तक समझौता कर लेते हैं।

पर ऐसा करना क्या सही है?

ईश्वर ने आपको मानव जीवन देकर इस दुनिया में इसलिए भेजा है कि आप दुनिया का दुख कम कर सकें, दूसरों के लिए आसानी पैदा करने का ज़रिया बनें ना कि ख़ुद की परेशानियों में, दुख में डूब जाएं।

एक न एक दिन सबको इस दुनिया से चले जाना है, पर अगर इस दुनिया से जाने के बाद भी लोग आपको याद करें दुआएं दे तो कितना अच्छा रहेगा।

आइये, कुछ ऐसे पॉइंट्स पर बात करते हैं जिससे मानसिक स्वास्थ्य को बेहतर बनाने में मदद मिलेगी-:

1-	अपने आप को महत्व दें (वैल्यू योरसेल्फ)-

हमें बचपन से सिखाया गया है कि बड़ों का आदर करना है छोटों से प्यार से बात करनी है ।

गलती होने पर सॉरी और जब कोई मदद करें तो थैंक यू (धन्यवाद) करना है पर ख़ुद से क्या बोलना है इस पर कभी ध्यान ही नहीं दिया पर आज से, अभी से, हमें एक नई आदत को अपनाना है वह है हर

छोटे से छोटे काम को सही तरह से और सही वक़्त पर करने पर ख़ुद को शाबाशी देनी है।

चाहे आपने सही वक़्त पर बिना जले खाना बनाया हो या गाड़ी को सही तरह से चला कर सुरक्षित ऑफिस पहुंचे हों। हर चीज़ के लिए ख़ुद को शाबाशी देनी है।

नई आदत को अपनाने में वक़्त लगता है, पर मुझे पूरी उम्मीद है कि आप ऐसा कर लेंगे जैसे मैंने किया अब मैं अपनी ज़िंदगी की हर छोटी से छोटी चीज़ों में खुशियां ढूंढने लगी हूँ ।

जब मैं मीटिंग्स में अच्छा परफॉर्म करती हूँ तो मैं ख़ुद को शाबाशी देती हूँ। जब मैं सही तरह से घर का सारा काम समय पर करती हूं तब भी मैं ख़ुद को शाबाशी देती हूँ।

वेल डन सारिया! आज तुमने बहुत अच्छा किया।

कई बार मैं ख़ुद को ही तोहफ़े दे देती हूँ कोई फूल, कप या चॉकलेट।

ये ज़िंदगी आपकी है, आपको ख़ुद को किस तरह से ख़ुश रखना है यह आपकी जिम्मेदारी है। इस इंतजार में ना रहे की फलां इंसान जब मेरी जिंदगी में आएगा तब मैं खुश हुऊगा/ हुऊगी, यह फलां चीज़ जब मुझे मिल जाएगी तब मैं ख़ुश हुऊगा/हुऊगी । आपकी ख़ुशी आपके अंदर ही है ज़रूरत है तो बस उसे ढूंढने की ।

2-   सकारात्मक लोगों के साथ रहें

कोशिश करें कि ज्यादा से ज्यादा सकारात्मक लोगों के बीच रहे। संगति का हमारे ऊपर बहुत गहरा असर पड़ता है।

अब आप सोचेंगे कि मेरे आस-पास तो नेगेटिव सोच वाले ही ज्यादा हैं अब मैं क्या करूं? तो ऐसी कंडीशन में कोशिश करें कि आप ज्यादातर पॉजिटिव ही सोचें।

आप किसी पॉजिटिव कम्युनिटी का हिस्सा भी बन सकते हैं। दुनिया में बहुत सी पॉजिटिव माइंडसेट की किताबें भी आती है आप चाहे तो ऐसी किताबों को भी अपनी जीवनशैली का हिस्सा बना सकते हैं। एक अच्छी किताब आपका कई साल बचा सकती है, आपको बहुत कुछ सिखा सकती है जिसको सीखने में शायद आपको बहुत वक़्त लग जाए।

आप कोशिश करें छोटे बच्चों के साथ समय बिताने की, उससे भी आप काफी पॉजिटिव फील करेंगे ।

मेरे दो भतीजे हैं मैं कोशिश करती हूँ कि उनके साथ ज्यादा से ज्यादा समय बिताऊं, उनके साथ मुझे काफी अच्छा महसूस होता है । मेरी सारी टेंशन, एंजायटी सब गायब हो जाती है, मैं काफी ऊर्जावान महसूस करती हूँ। प्यार से मैं उन्हें टॉनिक और मल्टीविटामिन बुलाती हूँ ।

कोशिश करें महीने में कम से कम दो-तीन बार पार्क ज़रूर जाएं । वहां कुछ देर टहलने के बाद कोई एकांत जगह पर जाकर बैठ जाएं, फिर पेड़, पत्तियों, फूलों, बादलों को देखिए पत्तियों को छूकर उन्हें महसूस कीजिए बहुत सुकून मिलेगा ।

3-	तनाव से निपटना सीखें

तनाव हर इंसान के जीवन का हिस्सा है, पर इसे हमें किस तरह से हैंडल करना है यह सीखना बहुत ज़रूरी है ।

तनाव कई कारणों होता है-

- अत्यधिक काम का भार
- घर में लड़ाई- झगड़ा
- दूसरों से उम्मीदें
- नींद का पूरा न होना

और भी बहुत से कारण होते हैं पर हमें तनाव से निपटना आना चाहिए ।

इसके लिए मैं कुछ टिप्स् शेयर करती हूँ-

- सांसों पर ध्यान दें

आंखें बंद करके शरीर को ढीला छोड़ दें और सांसों पर ध्यान दें।

- बैठकर एक से दो गिलास पानी घूंट घूंट करके पिएं।
- जगह बदल दें

अगर रूम में है तो थोड़ा बाहर चले जाएं, अगर कुर्सी पर बैठे हैं तो उठकर खड़े हो जाएं और किसी से बात करना शुरू कर दें इससे आपके दिमाग़ में चल रहे विचार कुछ देर के लिए रुक या बदल जाएंगे।

- कोशिश करें ज्यादा से ज्यादा सादा खाना खाएं

फल, सब्जियां, सलाद का सेवन अधिक मात्रा में करें, इससे भी दिल दिमाग़ शांत रहता है।

- कभी-कभी काम को टालते टालते काम बहुत बढ़ जाता है, इसलिए वक़्त पर काम करने की आदत डालें।

- हर इंसान की परवरिश, रहन-सहन, सोच -विचार, बोलने का तरीका, प्रवृति अलग-अलग होती है।

एक मां से जन्मे बच्चों में भी कभी-कभी ज़मीन आसमान का फ़र्क रहता है। कभी भी किसी इंसान को बदलने की कोशिश मत करिए हां आप सलाह दे सकते हैं कि अगर इस काम को इस तरह से किया जाए तो कैसा रहेगा? पर यह भूल जाए कि आप किसी को पूरी तरह से बदल सकते हैं। ख़ुद की आदतें बदलना तो इतना कठिन होता है इसलिए जो जैसा है उसको वैसे ही अपनाने की कोशिश करें।

4-   दिमाग़ को शांत रखने की कोशिश करें-

जिस तरह से अत्यधिक बोलना अच्छा नहीं होता वैसे ही बहुत ज्यादा सोचना, विचारों का आना भी हमारे मानसिक स्वास्थ्य के लिए अच्छा नहीं होता। दिमाग़ को शांत रखने के लिए आप मेडिटेशन और योगा को भी अपनी जीवनशैली में शामिल कर सकते हैं। कोशिश करें डेली प्रार्थना ज़रूर करें इससे आप ईश्वर से जुड़ाव महसूस करेंगे।

आपको लगेगा ईश्वर मेरे पास, मेरे साथ है। ऐसा करना बहुत ज़रूरी है, क्योंकि जिस तरह भोजन हमारे शरीर की ख़ुराक है, उसी प्रकार आत्मा की ख़ुराक ईश्वर में ध्यान लगाना, प्रार्थना करना है।

ईश्वर से जुड़ाव कभी भी आपको तन्हा महसूस नहीं होने देगा।

"ईश्वर का साथ जीवन के साथ भी और जीवन के बाद भी"

मैंने बहुत से लोगों से सुना है "अनकंडीशनल लव" पर अनकंडीशनल लव होता क्या है? कहां मिलेगा? क्या मनुष्य में? पता

नहीं पर ईश्वर से ज़रूर मिल सकता है। चाहे आप गोरे -काले, मोटे-नाटे, चाहे जैसे भी हों ईश्वर आपको अनकंडीशनल प्यार करेगा। उसे इस बात से भी फर्क नहीं पड़ता कि आपकी मासिक आय कितनी है, आप कितने ख़ूबसूरत हैं या आप कितने बुद्धिमान है। वह बस आपका दिल देखता है शायद इंसानों में भी अनकंडीशनल लव मिल जाए पर इंसान का दिल दिमाग कब बदला जाए कुछ कहा नहीं जा सकता है। किसी इंसान का साथ कब तक रहेगा ये भी तो नहीं पता। पर इसका मतलब ये नहीं है कि आप इंसानों का साथ छोड़ कर जंगल या पहाड़ों पर जा बसें।

हर इंसान की कुछ ज़िम्मेदारियां हैं, कुछ कर्तव्य हैं, ख़ुद के प्रति, अपने परिवार, अपने समाज के प्रति, हमें प्रेम पूर्वक अपना कार्य करते रहना है और ईश्वर से जुड़ाव को मज़बूत बनाए रखना है। क्योंकि मानव शरीर में आने से पहले हम सब सिर्फ़ एक आत्मा थे और इस मानव शरीर को छोड़ने के बाद भी एक आत्मा ही रह जाएंगे और ईश्वर के पास लौट जाएंगे। बस इस धरती पर आने का कारण ढूढ़ये, आप किस कार्य में सक्षम है उसे करते रहिए और दूसरे के काम आते रहिए।

ईश्वर कहता है तुम(मनुष्य) मेरी सर्वश्रेष्ठ रचना हो, जो मेरी सृष्टि की मदद करेगा मैं उसकी मदद करूंगा।

5-   यथार्थवादी लक्ष्य निर्धारित करें

यथार्थवादी लक्ष्य वह है जिसे आप अपने कौशल, समय-सीमा और प्रेरणा की स्तर के आधार पर प्राप्त कर सकते हैं। अगर आप अपने लक्ष्य को छोटे-छोटे टास्क (प्राप्त करने योग्य) में ब्रेक कर लेंगे तो लक्ष्य को पाना और भी ज्यादा आसान हो जाएगा।

जब हम रात में सोने के लिए जाते हैं तब सोने से बिल्कुल पहले हमारा मस्तिष्क एक स्थिति में होता है, जिसे हम "अल्फा स्टेट ऑफ माइंड" कहते हैं।

उस समय हमारा अवचेतन मन (सबकॉन्शियस माइंड) ज्यादा सक्रिय होता है और हमारा चेतन मन (कॉन्शियस माइंड) थोड़ा कम।

अगर आपकी कोई इच्छा है या आप किसी बीमारी को ठीक करना चाहते हैं, तो आपको कम से कम 20 से 30 दिन तक रोजाना एक काम करना होगा।

जब आप सोने के लिए जाएं - कमरा व्यवस्थित एवं साफ सुथरा हो, कमरे में हल्की रौशनी या रौशनी बंद भी कर सकते हैं, बिस्तर आरामदायक हो, कमरे का वातावरण सोने अनुकूल होना चाहिए, फिर बिस्तर पर आराम से लेट जाएं, शरीर को ढीला छोड़कर स्थिर करें, सांसों पर ध्यान दें और फिर जो भी आदत या बीमारी को ठीक करना चाहते हैं उसे आहिस्ता से कहें

"मैं इस आदत/ बीमारी से मुक्त हो गया हूँ या गयी हूँ"

"अब मैं स्वस्थ्य और खुश हूँ"

और अगर आप किसी चीज़ को पाना चाहते हैं तो कहें ईश्वर आपका बहुत-बहुत धन्यवाद कि आपने मुझे पहले ही इस चीज़/ इच्छा को दे दिया है जो मैं चाहती थी, इस चीज़ को देने के लिए आपका बहुत-बहुत धन्यवाद अब मैं बहुत संतुष्ट और ख़ुश हूँ।

एक लोरी की तरह इसे आहिस्ता आहिस्ता, मीठी आवाज़ में दोहराते जाएं। एक समय ऐसा प्रतीत होगा जैसे इसे आप नहीं कोई और बोल रहा है, ये आवाज़ आपके अंदर से आ रही है फिर धीरे-धीरे आप नींद की आगोश में चले जाएंगे।

रोजाना ऐसा करने से आपके अवचेतन मन को एक संदेश पहुंचेगा कि जिस भी बीमारी से आप मुक्त होना चाहते हैं वह पहले से ही ठीक हो चुकी है।

जिस भी चीज़ को पाने की इच्छा आपके अंदर है वह पहले से ही आपके पास है ऐसा होने पर आपका शरीर, मस्तिष्क वैसे ही काम करने लगेगा और आपके अंदर से निकलने वाली तरंगें हर दूसरे मनुष्य और इस ब्रह्मांड में फैल जाएंगी।

फिर हर इंसान, यह ब्रह्मांड आप तक उस चीज़ को पहुंचाने में, उस बीमारी को ठीक करने में लग जाएगा।

7-   डीप ब्रीदिंग

यह एक प्रकार की रिलैक्सेशन तकनीक है जो शरीर और दिमाग़ को शांत और संतुलित करने में मदद करता है।

डीप ब्रीदिंग से हमें शारीरिक, मानसिक, भावनात्मक, न्यूरोलॉजिकल बहुत से फायदे होते हैं-:

- डीप ब्रीदिंग से डायफॉर्म कॉन्ट्रैक्ट होता है, जिससे फेफड़ो में ऑक्सीजन की मात्रा बढ़ती है।
- वेगस नस को एक्टिव कर देता है जिससे हृदय गति और बीपी सामान्य रहने में सहायता मिलती है।
- शरीर में एनर्जी लेवल हाई करता है।

- मन शांत और एकाग्र होता है।
- तनाव कम होता है और आत्मविश्वास बढ़ता है।
- नींद की गुणवत्ता बढ़ती है।
- न्यूरोट्रांसमीटर को संतुलित करता है।
- मांसपेशियों में तनाव कम होता है, जिससे अकड़न कम होती है।

डीप ब्रीदिंग करने का तरीका-:

- एक शांत और आरामदायक स्थान पर बैठ जाएं।
- आंखें बंद कर लें और कंधों को ढीला छोड़ दें।
- नाक से धीरे-धीरे सांस लें।
- कुछ पल सांसों को रोक ले फिर मुंह से धीरे-धीरे सांस छोड़ें।
- इस प्रक्रिया को 5 से 10 मिनट तक दोहराएं।

8-   रोज़मर्रा के तरीके में बदलाव

जब हम एक ही तरह से काम करते रहते हैं तब हमारा दिमाग़ वैसे ही काम करने का आदी हो जाता है।

इसलिए जब हमारे जीवन में बदलाव आता है तब हम घबरा जाते हैं, क्योंकि हमारे दिमाग़ को बदलाव की आदत नहीं होती।

हमें अपने दिमाग़ को इस तरह से ट्रेन करना है कि वह बदलाव का आदी हो जाए।

अब सवाल यह उठता है कि हमें अपने दिमाग़ को बदलाव का आदी बनाना कैसे हैं?

- कभी भी एक ही पैटर्न को फॉलो ना करें।
- अगर आप हमेशा एक ही रास्ते से जाते हैं तो अब से रास्ते बदल-बदल कर जाया करें।
- नए लोगों से बात करने की कोशिश करें।
- बीच-बीच में घर की और रूम की सेटिंग चेंज करते रहिए।

9-   धन्यवाद का महत्व

अपने जीवन के हर मोड़ पर, हर समय, हर चीज़ के लिए आप ईश्वर का धन्यवाद करते हैं तब आप और भी ज्यादा फलते फूलते हैं।

सुबह आंखें खुलने से लेकर रात सोने तक अनगिनत बार ईश्वर को धन्यवाद कहें। जब आप में धन्यवाद की भावना रहेगी तब आपके अंदर सकारात्मक ऊर्जा बढ़ेती है।

जब आप धन्यवाद की भावना से भरे होते हैं तब ब्रह्मांड में संदेश जाता है कि आपके पास अताह् है तो आपको अताह् मिलेगा।

जब आप ये सोचेंगे कि आपके पास कुछ भी नहीं है या पर्याप्त नहीं है तो ब्रह्मांड में संदेश जाता है कि आपके पास कुछ भी नहीं है तो जो चीज़े आपके पास है वह भी छिन जाएंगी। ये सब आकर्षण के नियम के अनुसार होता है। इसलिए हमेशा धन्यवाद करते रहिए।

धन्यवाद, धन्यवाद, धन्यवाद

2.2- भावनात्मक स्वास्थ्य

प्रेम, क्रोध, दया, त्याग, ईर्ष्या आदि ये सारे भाव होते हैं। हम कैसा महसूस करते हैं उसे ही भावनात्मक स्वास्थ्य कहा जाता है।

क्या हम अत्यधिक क्रोधित या अत्यंत उदासीन रहते हैं?

क्या कभी आपके साथ ऐसा हुआ है कि आप बहुत ख़ुश थे, सबके साथ हंस बोल रहे थे अचानक से बेवजह आप उदासी महसूस करने लगे या ख़ुश रहना आपको दुनिया का सबसे मुश्किल काम लगता है। अगर ऐसा है तो हमें अपने भावनात्मक स्वास्थ्य पर ध्यान देने की ज़रूरत है।

कभी-कभी हॉर्मोनल बदलाव की वजह से भी मूड स्विंग्स होते हैं। हमें ख़ुद को ऑब्ज़र्व करना है कि किन कारणों से आप ज्यादा इमोशनली डिस्टर्ब होते हैं।

ज्यादातर ऐसा दो कारणों से होता है पहला मनुष्य दूसरा परिस्थितियां।

दोनों ही हमारे बस में नहीं है पर यह हमारे बस में है कि हम कैसे प्रतिक्रिया करते हैं। आपके आसपास कुछ ऐसे लोग भी होंगे जो जानबूझकर आपको गुस्सा दिलाएंगे, वो आपको उकसाएंगे कि गुस्से में आप आपे से बाहर हो जाएं, और वो आपको दुनिया के सामने बुरा साबित कर सकें। पर हमें ख़ुद पर काबू रखना है। बहुत समझदारी के साथ आगे बढ़ना है।

आइए हम कुछ ऐसे पॉइंट्स पर बात करते हैं जिससे भावनात्मक स्वास्थ्य को बेहतर किया जा सकता है-:

- हर काम समय पर करने की आदत डालें।
- कोई भी ऐसा काम करने से बचें जिसकी वजह से आपको झूठ बोलना पड़े।
- दूसरों की बुराइयां करने और सुनने से भी बचें।
- सकारात्मक सोचें।
- संतुलन बनाने की कोशिश करें घर, रिश्ते और स्वयं में। प्रथम प्राथमिकता ख़ुद को दें। आपका स्वास्थ्य, आपकी ज़रूरतें, आपकी खुशियां। अगर आप स्वस्थ और ख़ुश रहेंगे तो आप अपने रिश्तों, घर और हर चीज़ में ख़ुद का हंड्रेड परसेंट दे पाएंगे।
- हमें अपने मन को हमेशा स्वस्थ रखना है, शरीर से कहीं ज्यादा बड़ा होता है मन का रोग।
- ज्यादा समय एक ही जगह पर ना बैठें शारीरिक गतिविधियां करते रहें।
- समय पर सोने और जगने का प्रयास करें इसके लिए आपको कुछ बातों का ख़ास ख़्याल रखना होगा। जैसे-
  - रात का खाना सूरज ढलने के बाद जितनी जल्दी हो सके उतनी जल्दी खा लें।
  - कोशिश करें रात में सादा और हल्का खाना खाएं, बहुत मसालेदार और जंक फूड से बचें।
  - निर्धारित समय पर सोने का प्रयास करें।
- किसी से ज्यादा उम्मीद ना रखें।
- मैंने बहुत से लोगों को कहते सुना है कि सांस लेने की भी फुर्सत नहीं है।

क्या 24 घंटे में से आप अपने लिए 10 मिनट डीप ब्रीदिंग के लिए नहीं निकाल सकते? ऐसा करना बहुत ज़रूरी है, रोजाना 10 से 15 मिनट ज़रूर दें।

- जो काम आपको करना पसंद है उसके लिए समय निकाले जैसे मुझे लिखना पसंद है। वैसे ही आपको भी कुछ पसंद होगा जो पहले आप किया करते थे अपने स्कूल या कॉलेज टाइम में। अपने हुनर को मरने मत दीजिए ये आपमें जीने की उमंग भरेगा।
- ख़ुद के लिए तैयार होना सीखें। आप दूसरों के लिए तो हमेशा तैयार होते हैं कि आज शादी में जाना है या घर पर फंक्शन है। अब से ख़ुद के लिए भी तैयार होना शुरू कर दीजिए।
- छोटी-छोटी चीज़ों में ख़ुशियां तलाश करना शुरू कर दीजिए।

आएये कुछ विजुलाइजेशन टेक्निक्स के बारे में बात करते हैं। जिससे आपके मन को शांति, आपकी भावनाओं को संतुलित करने में आसानी होगी।

आपको कहीं जाना पसंद है या आप किसी ख़ास जगह पर जाना चाहते हैं, जैसे- समुद्र के किनारों पर, पहाड़ों पर या कोई और जगह।

मान लीजिए आपका सपना बीच पर जाने का है तो आप किसी शांत जगह पर आराम से बैठ जाएं या लेट जाएं, आंखें बंद कर लें, दो से तीन मिनट गहरी सांसे ले, फिर सांसों पर ध्यान दें।

फिर कल्पना कीजिए आप अपने पसंदीदा कपड़ों में समुद्र के किनारों पर चल रहे हैं, वहां पर बहुत ख़ामोशी है, आवाज़ है तो बस समुद्र की लहरों की।

आप आहिस्ता कदमों से ठंडी रेत पर नंगे पैर चल रहे हैं। हल्की ठंडी हवा आपसे होकर गुज़र रही है। फिर आहिस्ता कदमों से चलते-चलते आप रुक गए हैं और समुद्र की ओर देख रहे हैं जहां खुला आसमान और समुद्र आपस में मिल रहे हैं। अब आपने अपनी आंखें बंद कर ली है। आप सामने से आती ठंडी हवा जो अपने साथ पानी की हल्की बूंदे लेकर भी आ रही है, उसे आप अपने चेहरे पर, फिर धीरे-धीरे पूरे शरीर पर महसूस कर रहे हैं। यह एहसास आपको सुकून दे रहा है। अब आपका शरीर, मस्तिष्क, मन सब शांत हो चुके हैं।

अब आप एक अनोखी सी अंदरूनी ख़ुशी और सुकून महसूस कर रहे हैं।

कुछ देर आप इसको महसूस करते रहिए अब आप कैसा मेहसूस कर रहें हैं?

2.3- धार्मिक स्वास्थ्य

मनुष्य का जन्म एक मानव शरीर के रूप में हुआ है पर उससे पहले वह एक आत्मा के रूप में ईश्वर के पास था और इस शरीर को त्यागने के बाद वह पुनः ईश्वर के पास चला जाएगा आत्मा के रूप में। यह शरीर हमें कुछ समय के लिए ही प्राप्त हुआ है।

इस आत्मा का संबंध सीधा ईश्वर से है। जब हमें यह मानव शरीर मिला तब उसके साथ ही साथ बहुत सी जिम्मेदारियां भी मिली कुछ अपने प्रति, कुछ अपने परिवार, रिश्तेदारों के प्रति, और कुछ समाज के प्रति।

इन्हीं सब जिम्मेदारियां के चलते मनुष्य कभी-कभी ईश्वर से दूर हो जाता है, जिसकी वजह से उसकी आत्मा बेचैन हो जाती है मनुष्य परेशान हो जाता है कि सब कुछ तो है मेरे पास फिर मैं बेचैन, असंतुष्ट क्यों हूँ।

जिस प्रकार शरीर की ज़रूरत रोटी, कपड़ा और मकान है उसी प्रकार आत्मा की ज़रूरत ईश्वर से जुड़ाव, ईश्वर से जुड़ाव, ईश्वर जुड़ाव है।

हम अपने शरीर का तो बहुत ध्यान रखते हैं पर आत्मा की ज़रूरत को नहीं समझते। ईश्वर से बात करना, ईश्वर में ध्यान लगाना, प्रार्थना करना, आध्यात्मिक होना ही धार्मिक स्वास्थ्य कहलाता है।

धार्मिक स्वास्थ्य बेहतर होने के फायदे-

1-		चुनौतियों के समय आप डटें रहेंगे

जब भी आपके ऊपर कोई परेशानी, मुसीबत आएगी तब आप सोचेंगे कि यह ईश्वर की तरफ से आज़माइश है, आपको परख़ा जा रहा है कि आपको ईश्वर पर कितना विश्वास है।

ईश्वर आपको और मज़बूत बनाने के लिए संघर्षों से गुज़ार रहा है। जब आपको ईश्वर पर विश्वास होगा तब आप चुनौतियों का सामना डटकर करेंगे आपको पता होगा कि आप तन्हा नहीं है ईश्वर आपके साथ है आपके पास है।

2- आप और भी ज्यादा सामाजिक हो जाएंगे

दुनिया में बहुत से मनुष्य हैं हर एक की प्रवृत्ति, परवरिश, रहन-सहन, बातचीत का तरीका, सोचने समझने का तरीका सब कुछ अलग है।

अगर आप किसी के साथ अच्छा करेंगे तो यह ज़रूरी नहीं है कि वह इंसान भी बदले में आपको धन्यवाद कहे आपके साथ भी भलाई करें पर एक बात में दावे के साथ कह सकती हूं कि अगर आप किसी के साथ भला करेंगे तो आपके साथ भी भला ही होगा। ईश्वर सब देखता है सब जानता है।

जब आपको इस बात पर विश्वास होगा कि "कर भला तो हो भला" तब आप लोगों की और भी ज्यादा मदद करेंगे बिना इस उम्मीद के कि बदले में वो आपकी क्या मदद करेंगे और करेंगे भी या नहीं। इस तरह से आप और भी ज्यादा सामाजिक हो जाएंगे।

3- भावनात्मक स्वास्थ्य बेहतर होगा, आत्मविश्वास बढ़ेगा

स्ट्रेस, एंजायटी, डिप्रेशन आजकल बहुत आम होता चला जा रहा है पर जिस मनुष्य को ईश्वर पर विश्वास होगा वह चिंतामुक्त होकर अपने कार्य को करता चला जाएगा। जिस मनुष्य की आस्था जितनी गहरी होगी वह उतना चिंतामुक्त रहेगा। जैसे कोई सवारी जब किसी बस पर सवार होता है तब वह बिना ड्राइवर को जाने बिना रास्तों को जाने निश्चिंत अपनी मंजिल का इंतज़ार करता है। सवारी ने बस ध्यान दिया तो अपने कार्य पर, वह बस में सवार हुआ, टिकट लिया और बाकी सब ड्राइवर पर छोड़ दिया। इसी प्रकार हमें बस अपना कार्य करना है पुरानी गलतियों से सीखना है, आज में जीना है और कल की ईश्वर पर छोड़ देना है।

जब आप निश्चिंत होकर अपना कार्य करते रहेंगे इस विश्वास के साथ कि मुझे फल अवश्य मिलेगा तब आप में आत्मविश्वास बढ़ेगा और भावनात्मक स्वास्थ्य भी बेहतर होगा।

4-   शारीरिक, मानसिक स्वास्थ्य भी बेहतर रहेगा

"चिंता और चिता में ज्यादा अंतर नहीं होता"

जब हम चिंतामुक्त होकर ईश्वर पर विश्वास करते हुए अपना कार्य करते रहते हैं बिना इस विचार के कि हमने क्या पाया और क्या पाएंगे तब हमारा मन मस्तिष्क शांत रहता है जिसकी वजह से हमारा शारीरिक स्वास्थ्य भी अच्छा रहता है।

शरीर और मन मस्तिष्क में डायरेक्ट कनेक्शन होता है आपने ध्यान दिया होगा कि जब कभी भी हमारा एग्ज़ाम होता है या कोई ज़रूरी मीटिंग या किसी चीज़ का बहुत ज्यादा स्ट्रेस होता है तब उसका असर हमारे पाचन तंत्र पर भी फौरन दिखाई देने लगता है।

5-	धार्मिक स्वास्थ्य बेहतर होने से आपसी रिश्तों में मधुरता आती है

जब आपका ईश्वर पर विश्वास होगा तब आप इस बात को भी समझेंगे कि ईश्वर ने हर एक इंसान को अलग-अलग खूबियों से नवाज़ा है।

किसी भी इंसान में सारी खूबियां नहीं हो सकती कोई भी इंसान मुकम्मल नहीं होता। हर इंसान में कुछ न कुछ कमियां होती ही हैं कुछ नज़र आती हैं कुछ नहीं। अगर कोई मुकम्मल है तो सिर्फ़ और सिर्फ़ ईश्वर।

जब हमें इस बात पर पूर्ण विश्वास होगा तब हम हर इंसान को उसकी कमियों के साथ अपनाएंगे और ख़ुद को भी अपना सकेंगे।

धार्मिक स्वास्थ्य बेहतर करने के तरीके-:

1- रोजाना प्रार्थना अवश्य करें

कोशिश करें रोज प्रार्थना अवश्य करें इससे ईश्वर से जुड़ाव बढ़ेगा, आपको सुकून मिलेगा और आप बेहतर महसूस करेंगे।

2- ज्यादा से ज्यादा ईश्वर से बात करने की कोशिश करें

आप ख़ुशी, ग़म, तक़लीफ, परेशानी जैसा भी महसूस कर रहें हैं ईश्वर से कहें।

ईश्वर से बात करने का कोई निर्धारित समय नहीं है ज़रूरी नहीं है कि जब आप प्रार्थना करें तभी ईश्वर से बात करनी है आप कभी भी कहीं भी ईश्वर से बात कर सकते हैं।

ईश्वर से बात करने की अनेकों फायदे हैं। उनके पास हर परेशानी का समाधान है। कोई भी बात हम नि:संकोच कह सकते हैं।

3- प्रतिदिन धार्मिक ग्रंथ ज़रूर पढ़ें, उसे समझने का प्रयास करें और उसे अपने जीवन में उतारने का प्रयत्न करें

धार्मिक ग्रंथ पढ़ना और उसे समझना अति आवश्यक है। वह ईश्वर का आपके लिए संदेश है कि किस तरह से जीवन जीना है, जीवन का क्या उद्देश्य है ऐसी ही बहुत सी बातों का आपको ज्ञात होगा।

धर्म का मुख्य लक्ष्य मानवता के काम आना है। किस तरह से आप मानव जीवन को बेहतर कर सकते हैं किस तरह से आप किसी के काम आ सकते हैं इस पर विचार करना हैं।

4- जब भी मौका मिले धार्मिक स्थानों पर ज़रूर जाएं

धार्मिक स्थानों पर बहुत ही ज्यादा सकारात्मक ऊर्जा होती है। आप ईश्वर को और भी ज़्यादा करीब से महसूस करेंगे। आपके मन का हर घाव भरता हुआ महसूस होगा।

5- धार्मिक लोगों से गहन वार्तालाप करें

कोशिश करें धार्मिक लोगों से बातचीत करें उनसे आपको काफी कुछ सीखने को मिलेगा। संगति का हमारे ऊपर बहुत गहरा असर पड़ता है दोस्तों का चुनाव बहुत सोच समझकर करें।

2.4- शारीरिक स्वास्थ्य

हमारा शरीर जब अपना दैनिक कार्य करने में सक्षम होता है, जैसे सीढ़ियां चढ़ना, झुक कर कुछ उठाना, पेट का आसानी से साफ हो जाना आदि तब उसे शारीरिक रूप से स्वस्थ कहा जा सकता है।

शारीरिक स्वास्थ्य का मतलब है कि शरीर के सभी अंग सही तरीके से काम कर रहे हैं । जब हमारा शारीरिक स्वास्थ्य अच्छा नहीं होता है तब हमें बहुत सी शारीरिक, मानसिक, भावनात्मक समस्याओं का सामना करना पड़ सकता है, जैसे-

* वज़न का बढ़ना/कम होना
* कमज़ोरी, थकान का रहना
* दैनिक कार्य करने में परेशानी
* बेवजह उदास रहना
* सांसों का अनियमित रहना
* चलने में हाफंना
* घुटने में दर्द
* ठीक से नींद ना आना या अत्यधिक सोना
* पांचन तंत्र का सही से काम ना करना
* हार्मोनल असंतुलन
* हृदय समस्यां, हाई बी पी, कोलेस्ट्रॉल, शुगर, थायराइड, पीसीओडी आदि।
* अस्वस्थ त्वचा
* रिप्रोडक्टिव इश्यू
* याद्दाश्त कमज़ोर होना

अभी हमने कुछ समस्याओं के बारे में जाना।

आइए अब इनका कारण जानते हैं-

गलत खानपान और ख़राब जीवनशैली की वजह से यह सारी स्वास्थ्य संबंधी समस्याएं उत्पन्न हो रही हैं । आजकल फास्ट फूड, जंक फूड, कोल्ड ड्रिंक, कॉफी आदि ये सब खाना-पीना फैशन बन गया है।

आइए अब हम लोग इसके समाधान की ओर चलते हैं -:

1-   एक्सरसाइज

1.1-   एक्सरसाइज क्या होती है?

व्यायाम एक शारीरिक गतिविधि है, जिससे हमारी मांसपेशियां काम करना शुरू कर देती हैं। जिसकी वजह से हमें और ज्यादा एनर्जी की ज़रूरत होती है।

हमारा शरीर कैलोरी को एनर्जी में कन्वर्ट करके प्राप्त कर लेता है। यही शारीरिक गतिविधि/ व्यायाम हमारे स्वास्थ्य और फिटनेस को बढ़ाता है। शारीरिक गतिविधियां जैसे चलना दौड़ना स्विमिंग करना आदि।

1.2-   एक्सरसाइज कब और कितनी देर करना चाहिए?

वैसे तो एक्सरसाइज का समय आपको अपने शेड्यूल/दिनचर्या के हिसाब से तय करना चाहिए, परंतु सुबह का समय सबसे बेहतर

होता है क्योंकि यह आपको पूरे दिन एक्टिव रखता है और सुबह ही व्यायाम करने से पूरा दिन व्यवस्थित रहता है।

सुबह का वातावरण बहुत ही अच्छा रहता है, उस समय हवा ताज़ी और शुद्ध होती है। जब आप सुबह व्यायाम कर लेते हैं तो उससे आपके शरीर में इंडोर्फिन हारमोंस रिलीज़ होते हैं, जो कि हैप्पी हारमोंस होते हैं। जिससे आप पूरा दिन अच्छा महसूस करेंगे और हर काम को बेहतर तरीके से कर पाएंगे।

एक्सपर्ट्स के अनुसार हमें हर हफ्ते 150 मिनट व्यायाम करना चाहिए। उस हिसाब से 25 से 30 मिनट रोजाना एक्सरसाइज करना चाहिए और एक दिन शरीर को आराम भी देना चाहिए।

1.3-   एक्सरसाइज नहीं करने के नुकसान-:
- एक अच्छी गहरी नींद आने में समस्या
- अव्यवस्थित दिनचर्या
- बीपी, शुगर, कोलेस्ट्रॉल की समस्या
- शरीर में अकड़न
- पूरा दिन सुस्ती।

1.4-   एक्सरसाइज कब नहीं करना चाहिए?
- कोशिश करें की नहाने के तुरंत बाद या पहले एक्सरसाइज ना करें।
- एक्सरसाइज के फौरन बाद खाना या खाने के फौरन बाद एक्सरसाइज अवॉइड करें।
- एक्सरसाइज का एक समय निर्धारित करें किसी भी समय एक्सरसाइज ना करें।

1.5- एक्सरसाइज करने के फायदे-:

* शारीरिक फायदे-:
- शरीर की अतिरिक्त चर्बी कम होती है
- मांसपेशियां बढ़ती है
- हड्डियां मज़बूत होती हैं
- बॉडी पोस्चर सही होता है
- शरीर में लचीलापन बढ़ता है और शरीर की अकड़न कम होती है
- रोग प्रतिरोधक क्षमता बढ़ती है
- पाचन तंत्र बेहतर होता है
- त्वचा स्वस्थ होती है
- एंटी एजिंग के प्रभाव को कम करता है
- व्यायाम करने से शरीर को गर्माहट मिलती है
- शरीर में चुस्ती फुर्ती आती है आदि।

* मानसिक फायदे-:
- एक्सरसाइज करने से हिप्पोकेम्पस का साइज बढ़ता है, जिसकी वजह से मस्तिष्क बेहतर तरीके से काम करने लगता है। हिप्पोकेम्पस दिमाग का वह हिस्सा होता है जो कुछ सीखने और याद करने में मदद करता है।
- नींद अच्छी आती है
- एकाग्रता बढ़ती है
- बेहतर निर्णय लेने में मदद होती है
- आत्मविश्वास बढ़ता है आदि।

* भावनात्मक फायदे-:

- मूड स्विंग कम होता है
- स्ट्रेस, एंजायटी, डिप्रेशन कम होता है आदि।

- ❖ सामाजिक फायदे-:
- आप और ज्यादा सामाजिक हो जाते हैं क्योंकि जब आप व्यायाम करेंगे तब आपके अंदर चुस्ती फुर्ती रहेगी, आप फिट रहेंगे, आप ख़ुश रहेंगे तो लोगों का आपसे और आपका लोगों से बात करने का मन करेगा।

1.6-   एक्सरसाइज करने का सही तरीका-:

एक्सरसाइज शुरू करने से पहले जूते पहन लें या मैट का भी इस्तेमाल कर सकते हैं। अगर नंगे पैर या चप्पल पहनकर करेंगे तो मोच आने की भी संभावना हो सकती है।

व्यायाम की शुरुआत हमेशा वार्म अप से करें क्योंकि रात भर हमारा शरीर रेस्ट पोजीशन पर होता है। इसलिए शरीर को धीरे-धीरे एक्टिव करना चाहिए फिर मुख्य व्यायाम की तरफ जाएंगे उसके बाद कूल डाउन करेंगे।

मुख्य व्यायाम के बाद कूल डाउन करना बहुत ही ज्यादा ज़रूरी होता है, क्योंकि इससे हमारी हृदय गति रक्तचाप और पूरा शरीर धीरे-धीरे नॉर्मल होने लगता है।

1.7-   कौन सी एक्सरसाइज हमारे लिए सही है?

प्रत्येक मनुष्य का शरीर और क्षमतायें अलग-अलग होती हैं। इसलिए हमें हमेशा किसी एक्सपर्ट से परामर्श करके ही व्यायाम चुनना चाहिए।

2- पोषण

2.1- पोषण युक्त भोजन और भोजन में अंतर

हमारे शरीर को जिन भी पोषक तत्वों की आवश्यकता होती है, जब वह सारे हमें मिल जाते हैं, तब उसे हम पोषण युक्त भोजन कहते हैं और जो भी खाने की चीज़ हमारे सामने आ गई हमने उसे खा लिया बिना ये जाने की उसमें कितना न्यूट्रीशनल वैल्यू है उसे भोजन कहते हैं।

2.2- आज के समय में पोषण युक्त भोजन कितना ज़रूरी है?

हार्मफुल केमिकल्स और इंजेक्शंस के इस्तेमाल की वज़ह से भोजन की गुणवत्ता में भारी गिरावट आई है।

ऐसे में अगर हम अपने खाने पीने पर ध्यान नहीं देंगे हर समय जंक फूड, फास्ट फूड, बाहर खाना खाएंगे तो हमारी सेहत का क्या होगा?

इसलिए हमें सही समय पर, सही मात्रा में, सही भोजन का चुनाव करना चाहिए।

2.3- पोषण की कमी से शरीर में होने वाली समस्याएं-:

स्ट्रेस, थकान, काम करने की क्षमता में कमी, मोटापा, कमज़ोरी आदि।

आइये अब हम थोड़ा विस्तार से जानते हैं-

- विटामिन ए- विटामिन ए की कमी से रतौंधी की बीमारी, अस्वस्थ बाल, नाखून, आंखों में सूखापन, कमज़ोर प्रतिरक्षा प्रणाली आदि।
  स्रोत- ज्यादातर पीले रंग के फलों और सब्जियों में पाया जाता है।
  जैसे- गाजर, कद्दू, आलू रतालू परवल, खीरा, पालक, ख़रबूज, मेथी, सरसों और हरे पत्तेदार सब्जियां इन सब में विटामिन बीटा कैरोटीन के रूप में मौजूद होता है। शरीर में बीटा करॉटिन विटामिन ए में कन्वर्ट हो जाता है।

- विटामिन बी- विटामिन बी की कमी से बेरी-बेरी नामक बीमारी होती है। इस बीमारी में हृदय की मांसपेशियों की ताकत में कमी आ जाती है। विटामिन बी की कमी से एनीमिया की भी समस्यां हो सकती है, पाचन समस्यां, त्वचा की समस्यां, हृदय समस्यां, मुंह और जीभ की समस्याएं आदि।
  स्रोत- साबुत अनाज, आलू आदि।

- विटामिन सी- विटामिन सी की कमी से स्कर्वी नामक गंभीर बीमारी भी हो सकती है। थकान, मसूड़े से ख़ून आना, चोट लगने पर घाव का धीरे-धीरे ठीक होना जैसे लक्षण दिखाई देते हैं आदि।
  स्रोत- आवंला, अमरुद, अंगूर, नींबू, संतरा, शिमला मिर्च, स्ट्रॉबेरी आदि।

- विटामिन डी- विटामिन डी की कमी से रिकेट्स (कमज़ोर हड्डियां या कमज़ोर मांसपेशियों का कारण बन सकती है), कैंसर, डायबिटीज, हाई बीपी की भी संभावनाएं बढ़ सकती है आदि।
  स्त्रोत- सुबह की धूप, अंडे, मछली, दूध आदि।

- विटामिन के- विटामिन के की कमी से अत्यधिक रक्तस्राव, कमज़ोर हड्डियों की भी संभावना हो सकती है आदि।
  स्रोत- हरे पत्तेदार सब्जियां, मक्खन, गाजर, दूध, अंडे की ज़र्दी आदि।

- आयरन- आयरन की कमी से घेंघा नामक बीमारी हो सकती है।
  स्रोत- समुद्री खाद्य पदार्थ, नमक आदि।

- फाइबर- फाइबर की कमी से पेट संबंधी समस्याएं हो सकती हैं।
  स्रोत- फल, सलाद, सब्जियां आदि।

2.4- पोषण युक्त भोजन लेने के फायदे-:

पोषण युक्त भोजन ग्रहण करने से अनेकों लाभ होते हैं।

जैसे- रोग प्रतिरोधक क्षमता का बढ़ना, शरीर में ऊर्जा का स्तर बढ़ना, नींद की गुणवत्ता का बढ़ना, बेहतर महसूस करना, पाचन प्रणाली में सुधार, त्वचा, दांत, आंखों का स्वस्थय होना आदि।

आइये अब हम थोड़ा विस्तार से जानते हैं-:

- कार्बोहाइड्रेट-

कार्बोहाइड्रेट हमें कार्य करने के लिए शक्ति प्रदान करता है। यह हमारे शरीर के लिए बहुत आवश्यक होता है। यह दो प्रकार के होते हैं-:

1- सिंपल कार्बोहाइड्रेट
2- कंपलेक्स कार्बोहाइड्रेट
- सिंपल कार्बोहाइड्रेट में चावल, आलू चीनी, मैदा युक्त चीज़े, बेकरी आइटम्स जैसे ब्रेड, कुकीज आदि।
- कंपलेक्स कार्बोहाइड्रेट में फल, हरी सब्जियां, अनाज, रतालू बाजरा आदि।

कार्बोहाइड्रेट हमारे शरीर के लिए अति आवश्यक है, क्योंकि यह हमारा स्टेमिना बढ़ता है, मस्तिष्क और शारीरिक गतिविधियों में मदद करता है।

- प्रोटीन-

प्रोटीन एक ऐसा न्यूट्रिएंट है जिसकी ज़रूरत हमारे शरीर की ग्रोथ और मेंटेनेंस के लिए होती है। प्रोटीन एक या एक से अधिक लंबी अमीनो एसिड की फोल्डर चेन से बनी होती है।

प्रोटीन हमारी मांसपेशियों के लिए बहुत अहम रोल अदा करता है। प्रोटीन हमारी भूख को शांत करता है और हमारी मांसपेशियों को बनाने में सहायता करता है।

प्रोटीन हमें वज़न प्रबंधन में भी मदद करता है, प्रोटीन हमारी रोग प्रतिरोधक क्षमता को बढ़ाता है, हारमोंस को रेगुलेट करता है, शरीर में ऊर्जा के स्तर को बढ़ाता है।

चोट लगने पर शरीर को जल्दी रिपेयर करने में मदद करता है, स्ट्रेस को कम करता है और भी बहुत से फायदे होते हैं।

स्रोत- अंडा, दूध, दही, दाल, पनीर, राजमा, मछली, चना, सोयाबीन, गोश्त, सूरजमुखी के बीज, ओट्स, बादाम, कद्दू के बीज आदि।

- वसा -

वसा हमारे हृदय, मस्तिष्क, जॉइंट हेल्थ, रोग प्रतिरोधक क्षमता को बहुत बेहतर करता है। वसा भी हमारे शरीर के लिए बहुत आवश्यक होता है।

यह हमारे शरीर में ऊर्जा को स्टोर करता है। यह कई प्रकार के होते हैं-

सैचुरेटेड फैट्स- स्रोत- बटर, चीज़, घी, नारियल का तेल आदि।

अनसैचुरेटेड फैट- स्रोत- ज़ैतून का तेल, बदाम का तेल, सूरजमुखी का तेल, अखरोट आदि।

ट्रांस फैट- स्रोत- डालडा, तली हुई चीज़े, बेकरी आइटम्स आदि।

हमें हमारे भोजन में से वसा को हटाना नहीं बल्कि उसको बैलेंस करने की आवश्यकता है।

ओमेगा 6 को कम करना है और ओमेगा 3 को बढ़ाना है।

ओमेगा 6- स्रोत- सूरजमुखी का तेल/बीज, कद्दू के बीज, सोयाबीन का तेल आदि।

ओमेगा3- स्रोत- चिया सीड्स, अलसी की बीज/तेल, मछली, अखरोट आदि।

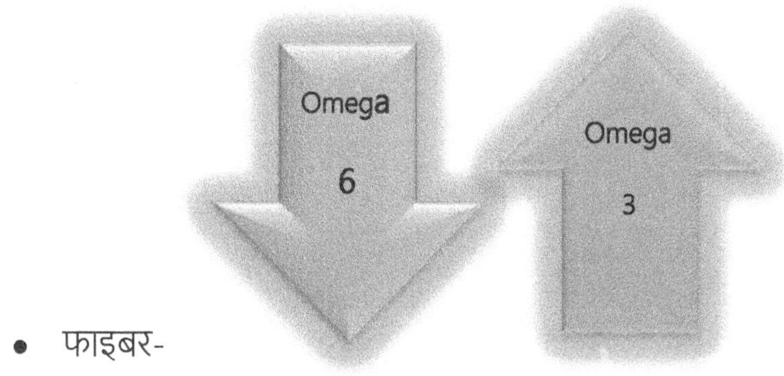

- फाइबर-

फाइबर एक प्रकार का कार्बोहाइड्रेट है जो पौधों से प्राप्त होता है। फाइबर- स्रोत- अनाज, फल, सब्जियां, रोटी, दाल, फलियां आदि में पाया जाता है। फाइबर दो प्रकार के होते हैं- घुलनशील फाइबर और अघुलनशील फाइबर।

1- घुलनशील फाइबर-

यह एक प्रकार का पानी में घुलने वाला फाइबर होता है और जेल जैसी बनावट बनाता है।

घुलनशील फाइबर पाचन को बेहतर बनाता है और मल को नरम करता है जिससे यह आसानी से पाचन तंत्र से गुज़र जाता है।

घुलनशील फाइबर आंतो में अच्छे बैक्टीरिया को बढ़ाता है, जिससे प्रतिरक्षा प्रणाली मज़बूत होती है। यह वज़न घटाने में भी मदद करता है और कब्ज़ की समस्या से भी निजात दिलाता है।

स्रोत- ओट्स, बार्ली, जौ, नट्स, बीजें, दाल, मटर, कुछ फल और सब्जियां आदि।

2- अघुलनशील फाइबर

यह एक प्रकार का फाइबर होता है जो पानी में नहीं घुलता, मल को सख़्त बनाता है। आंतो की रुकावट को रोकता है। पेट साफ करने में सहायक होता है। कब्ज़ को रोकने में मदद करता है। स्रोत- गेहूं का चोकर, मेवे, बीज, सब्जियां, फल आदि।

लगभग 25 ग्राम फाइबर प्रतिदिन हमें लेना चाहिए।

- फाइट्रोन्यूट्रिएंट्स-

यह एक तरह का सब्सटेंस होता है, जो पेड़ पौधों से मिलता है। यह हमें ऑक्सीडेटिव स्ट्रेस से बचाता है। कैंसर, हृदय संबंधी समस्यां, स्ट्रोक, कमज़ोर याद्दाश्त और बहुत सी चीज़ों में मदद करता है।

स्रोत- लाल, नारंगी, पीले फलों और सब्जियों में पाया जाता है।

- विटामिन और मिनरल्स-

विटामिन एक ऐसा ऑर्गेनिक सब्सटेंस है जो हमें जानवरों और पेड़ पौधों से मिलता है।

मिनरल्स एक ऐसा इनॉर्गेनिक एलिमेंट होता है जो हमें ज़मीन से मिलता है।

विटामिन और मिनरल्स हमारे शरीर को और भी ज्यादा सुरक्षित रखने में मदद करता है। यह हमारे बालों, नाखूनों, आंखों, ख़ून, रोग प्रतिरोधक क्षमता और हड्डियों को बेहतर बनाने में बहुत लाभदायक होता है। विटामिन और मिनरल्स माक्रोन्यूट्रिएंट्स को एनर्जी में कन्वर्ट करने में मदद करते हैं।

आपने बहुत से लोगों से सुना होगा कि सब कुछ खाते पीते हैं पर ताकत नहीं महसूस होती क्योंकि उनके शरीर में विटामिन और मिनरल्स की कमी रहती है।

विटामिन और मिनरल्स हमें फलों, सब्जियों डेरी प्रोडक्ट्स, गोश्त, अण्डें से मिलता है।

- पानी-

क्या आप जानते हैं दुनिया के ऐसे कई हिस्से हैं जहां का पानी एकदम सूख गया है?

दक्षिण अफ्रीका की राजधानी शहर कैप टाउन दुनिया का पहला जल विहीन शहर घोषित किया गया है। वहां नहाने पर भी रोक लगा दी गई है। भारत में पेट्रोल पंप की तरह शहर कैप टाउन में जगह-जगह पानी के टैंकर होंगे। वहां 25 लीटर पानी ही मिलेगा।

विश्व में केवल 2.7% जल ही पीने योग्य बचा है। इसलिए हमें सही तरह से पानी बचाते हुए इसका इस्तेमाल करना है ।

❖ क्या हम जानते हैं कि पानी की कमी से हमें किन-किन समस्याओं का सामना करना पड़ सकता है ?
  - पानी की कमी से आप हर वक्त थकान महसूस करेंगे।
  - पेट की समस्या भी आपको हो सकती है जैसे कॉन्स्टिपेशन आदि।
  - त्वचा भी रूखी हो जाती है, आप कम उम्र में ही ज्यादा उम्र के दिखने लगेंगे।
  - सिरदर्द, चक्कर आना, मांसपेशियों में दर्द और भी बहुत से नुकसान होते हैं।

❖ हमें कितनी मात्रा में पानी पीना चाहिए ?

हमें हर 20 किलो पर 1 लीटर पानी पीना चाहिए। जैसे मान लीजिए आपका वज़न 80 किलो है, तो आपको 4 लीटर प्रतिदिन पानी पीना चाहिए। गर्मियों में अधिक पानी का सेवन करना चाहिए।

❖ किस समय पानी पीना लाभदायक और नुकसानदेह होता है?

- सुबह उठने के फौरन बाद से और सूर्यास्त तक पानी पीना हमारे शरीर के लिए बहुत लाभदायक होता है।
- निहार मुहं पानी पीना हमारे लिए बहुत लाभदायक होता है।
- सूर्यास्त के बाद कम से कम पानी पीना चाहिए ज्यादा पानी पीने से आपको घुटनों में समस्या, शरीर में पानी रुकना, बार-बार वॉशरूम जाने से आपकी नींद भी प्रभावित होती है।
- कोशिश करें खाना खाने से आधा घंटा पहले और बाद में पानी पीना अवॉइड करें, इससे हमारी पाचन क्रिया प्रभावित होती है।

पानी पीने के अनेक फायदे-

- पानी हमारे शरीर में रासायनिक संतुलन को बनाए रखने में मदद करता है।
- हमारे शरीर में सही तापमान बनाए रखता है।

- यह हमारी किडनी को बेहतर काम करने में मदद करता है, हमारे शरीर से गंदगी निकालने में मदद करता है।
- पानी हमारी त्वचा में नमी बनाए रखता है।
- पानी पीने से बहुत से फायदे होते हैं हम ज्यादा उम्र में भी कम उम्र के दिखते हैं आदि।

पानी के स्रोत- साफ पानी, फल और सब्जियों में भी पानी पाया जाता है।

2.5- हमारे शरीर को किन-किन चीज़ों की और कितनी मात्रा में आवश्यकता होती है?

पौष्टिकता से भरपूर आहार संपूर्ण आहार माना जाता है। हमारे भोजन में सारी चीज़े होनी चाहिए कार्बोहाइड्रेट, प्रोटीन, फाइबर, फैट्स यह सारी चीज़े सही मात्रा में होनी चाहिए।

हमें अपनी थाली में कार्बोहाइड्रेट 40%, प्रोटीन (जितना किलो आपका वज़न उतना ग्राम प्रोटीन) लगभग 30%, फाइबर 25 ग्राम, फैट्स 30%।

पानी (हर 20 किलो पर 1 लीटर), ओमेगा 3, विटामिंस और मिनरल्स। रोजाना कम से कम 22 तरह के विटामिन और मिनरल्स हमारे शरीर को मिलना चाहिए।

3- आदर्श वज़न

आपकी लंबाई के हिसाब से आपके शरीर का एक आदर्श वज़न होता है। उस आदर्श वज़न से अधिक या कम होने से हमें बहुत सी समस्याओं का सामना करना पड़ सकता है। आदर्श वज़न निकालना बहुत ही आसान है।

महिलाओं का आदर्श वज़न निकालने का तरीका-

अगर लंबाई फिट में है-

$$\text{आदर्श वज़न} = \text{लंबाई} \times 12$$

अगर लंबाई सेंटीमीटर में है-

$$\text{आदर्श वज़न} = \text{लंबाई} - 100$$

पुरुषों का आदर्श वज़न निकालने का तरीका-

अगर लंबाई फिट में है-

$$\text{आदर्श वज़न} = \text{लंबाई} \times 10$$

अगर लंबाई सेंटीमीटर में है-

$$\text{आदर्श वज़न} = \text{लंबाई} - 105$$

आदर्श वज़न की गणना करने के लिए बीएमआई (बॉडी मास इंडेक्स) का भी इस्तेमाल किया जा सकता है।

बीएमआई (बॉडी मास इंडेक्स)-:

ये लंबाई और वज़न का अनुपात होता है, जो की नार्मल रेंज में होना चाहिए। अगर यह उससे अधिक या कम हो जाता है, तो हम अस्वस्थ्य होने लगते हैं और बहुत सारी समस्याओं का सामना करना पड़ सकता है।

बीएमआई निकालने का तरीका बहुत ही आसान होता है-

बीएमआई = वज़न/(लंबाई)^2

वज़न= किलोग्राम में, लंबाई= मीटर में

बीएमआई कम और ज्यादा होने पर होने वाली समस्याएं-

1-	बिलो 18 (बीएमआई जब 18 से कम हो तब)

हम मेलन्यूट्रिशन 2 की कैटेगरी में आते हैं। इसमें बहुत सारी समस्याओं का सामना करना पड़ सकता है। जैसे-

❖ एनोरेक्सिया

यह एक प्रकार की ईटिंग डिसऑर्डर (खाने संबंधी समस्यां) है, इसमें लोग अपने वज़न और खाने को लेकर चिंताग्रस्त रहते हैं। एनोरेक्सिया में वज़न बढ़ने के डर से शरीर ख़राब होने लगता है।

❖ बुलिमिया (भस्मक रोग)

यह भी एक प्रकार की ईटिंग डिसऑर्डर होता है। इसमें बहुत ज्यादा खाना खा लेते हैं और वज़न न बढ़े इसके लिए काफी तरीकों का इस्तेमाल करते हैं।

जैसे- उल्टी करना, अत्यधिक व्यायाम करना, ऐसी बहुत सी दवाइयों का सेवन करना जिससे पेट की सफाई हो जाए आदि।

❖ ऑस्टियोपोरोसिस (अस्थि- सुषिरता)

इस स्थिति में हड्डियां कमज़ोर और नाजुक हो जाती है। इसमें शरीर लगातार बोन टिश्यूज को अब्जॉर्ब और रिप्लेस करने लगता है, पर नई हड्डियां उतनी तेजी से बन नहीं पाती जितनी तेजी से पुरानी हड्डियां खत्म होने लगती है।

❖ मांसपेशियां भी कमज़ोर होने लगती हैं आदि।

2-   18.1- 20 मेलन्यूट्रिशन 1

जब बीएमआई मेल न्यूट्रिशन 1 की कैटेगरी में आता है तब हमें बहुत सारी समस्याओं का सामना करना पड़ सकता है।

जैसे- पाचंन तंत्र की समस्यां, कमज़ोरी, अत्यधिक थकान, स्ट्रेस, एंजायटी, रिप्रोडक्टिव (प्रजनन) समस्यां, हार्मोनिल इंबैलेंस आदि।

3-   20.1- 23 नॉर्मल

जब बीएमआई नॉर्मल होता है तब हमारा शरीर स्वस्थ होता है। हमारा एनर्जी लेवल बेहतर होता है, रोग प्रतिरोधक क्षमता अच्छी होती है, हम स्ट्रेस अच्छे से हैंडल कर लेते हैं, हार्मोंस बैलेंस होते हैं, शरीर दिखने में फिट लगता है आदि।

4-   23.1- 25 ओवरवेट

जब बीएमआई इस रेंज में होता है तब हमारा शरीर ओवरवेट की कैटेगरी में आता है। इसमें हमें बहुत सी समस्याओं का सामना करना पड़ सकता है।

जैसे- पाचन तंत्र संबंधी समस्याएं, थकान, सरकुलेशन प्रॉब्लम, वेरीकोस एक ऐसी कंडीशन जिसमें नसें ख़ास कर पैरों की मुड़ी, बड़ी और तकलीफ़देह हो जाती है।

5-   25.1- 28 ओबेसिटी ग्रेड 1

जब बीएमआई हमारा इस रेंज में आता है तब हमारा शरीर ओबेसिटी ग्रेड 1 में होता है। ऐसी स्थिति में हमें बहुत सी समस्याओं का सामना करना पड़ सकता है।

जैसे- डायबिटीज, हाइपरटेंशन, कार्डियोवैस्कुलर डिजीज, ब्लड क्लॉट्स, स्ट्रोक्स (ख़ून की सप्लाई में रुकावट से दिमाग को होने वाला नुकसान), जॉइंट प्रॉब्लम, अर्थराइटिस, स्पाइन (रीड की हड्डियों में समस्यां) आदि।

6-   28.1- 30 ओबेसिटी ग्रेड 2

जब बीएमआई हमारा इस रेंज में होता है तब हम ओबेसिटी ग्रेड 2 में आते हैं। ऐसी स्थिति में हमें बहुत सी समस्याओं का सामना करना पड़ सकता है।

जैसे- डायबिटीज, कैंसर, एंजाइना हृदय में ब्लड सप्लाई की कमी की वजह से सीने में दर्द होना, हार्ट अटैक, फ्लेबिटिस एक नस की सूजन है ज्यादातर पैरों में पर शरीर के बाकी हिस्सों की नसों को भी प्रभावित कर सकता है, धमनीकाठिन्य आदि।

7-	ओवर 30 ओबेसिटी ग्रेड 3

ओबेसिटी ग्रेड 3 में हमारे शरीर को बहुत ही ज्यादा गंभीर समस्याओं का सामना करना पड़ सकता है।

जैसे- कैंसर, हृदय रोग, डायबिटीज, प्रीमेच्योर डेथ आदि।

आइये, अब हम कुछ ऐसे कारणों पर चर्चा करते हैं जिनकी वज़ह से हमें हमारा बीएमआई नॉर्मल (सामान्य) रखने में समस्या आती है-

1-	शारीरिक गतिविधियों में कमी

जब हमारी शारीरिक गतिविधियां बहुत कम हो जाती है, तब हमारे शरीर में अतिरिक्त चर्बी जमा होने लगती है जिससे हमारा वज़न बढ़ने लगता है और बीएमआई सामान्य रखने में समस्यां आती है।

2-	अनहेल्दी ईटिंग हैबिट्स

अगर आप बहुत ज्यादा बाहर का खाना, तला-भुना, मसालेदार, जंक फूड, फास्ट फूड खाते हैं तो इससे भी हमारा बीएमआई सामान्य रखने में समस्यां आ सकती है। कोशिश करें घर का सादा, संपूर्ण आहार लें।

3-	पर्याप्त नींद का ना होना

अच्छी नींद ना मिल पाने से भी हमारे शरीर पर इसका बहुत बुरा असर पड़ता है।

4-	अत्यधिक स्ट्रेस

बहुत ज्यादा स्ट्रेस लेने से भी हमारा बीएमआई प्रभावित होता है।

5-   जेनेटिक्स

ऐसा भी देखा गया है अगर माता-पिता का वज़न बहुत ज्यादा हो तो बच्चों का भी वज़न ज्यादा रहता है, पर उसको सही जीवन शैली और सही खान-पान से नियंत्रित किया जा सकता है।

6-   मेडिसिंस

अधिक दवाइयों का सेवन करने से भी हमारा बीएमआई प्रभावित होता है।

7-   योर एनवायरमेंट

आप कैसे लोगों के बीच में रहते हैं इसका असर हमारे शारीरिक, मानसिक, भावनात्मक स्वास्थ्य पर बहुत गहरा पड़ता है।

दोस्तों का चुनाव बहुत सोच समझकर करें और कोशिश करें सकारात्मक लोगों के बीच ज्यादा रहे। लोगों की बातों का दुष्प्रभाव आप पर ना हो इसके लिए आपको मानसिक रूप से बहुत मज़बूत होने की आवश्यकता है। इसके लिए आपको रोजाना कुछ काम अवश्य करने चाहिए।

जैसे-

- रोजाना मेडिटेशन, योगा, कसरत अवश्य करें।
- हेल्दी खाना खाएं क्योंकि स्वस्थ शरीर में स्वस्थ मन रहता है।

- मोबाइल, टीवी से ज्यादा अपने परिवार के साथ समय बिताएं, इससे आप मानसिक और भावनात्मक रूप से और भी ज्यादा मज़बूत हो जाएंगे।
- माइंडसेट को बेहतर करने वाली किताबों को भी अपनी जीवनशैली का हिस्सा ज़रूर बनाएं।
- प्रतिदिन ख़ुद के लिए थोड़ा समय ज़रूर निकाले कोई भी खेल बैडमिंटन, फुटबॉल आदि को अपने जीवन का हिस्सा ज़रूर बनाएं इससे आप बेहतर महसूस करेंगे।

समाधान-

1-   फॉलो ए हेल्दी डाइट

एक हेल्थी डाइट को फॉलो करने की कोशिश करें। 6000 से 7000 कैलोरी जब कम लेंगे तब 1 किलो वज़न कम होगा। अगर 6000 से 7000 कैलोरी ज्यादा लेंगे तो एक किलो वज़न बढ़ेगा।

2-   बी एक्टिव

कोशिश करें ज्यादा से ज्यादा सक्रिय रहें शारीरिक गतिविधियां करते रहें।

3-   पर्याप्त नींद

पर्याप्त मात्रा में नींद लेने की कोशिश करें। रात्रि के 10:00 से प्रातः काल 4:00 बजे तक का समय सोने के लिए सबसे उत्तम होता है।

4-   हमेशा ख़ुश और सकारात्मक रहने की कोशिश करें।
5-   ज्यादा से ज्यादा मौसमी फल, हरी सब्जियां, साबुत अनाज, मेवे आदि खाएं।
6-   सही मात्रा में प्रोटीन का सेवन करें।

जितना किलो आपका वज़न है उतना ग्राम प्रोटीन आपके शरीर को रोजाना चाहिए। प्रोटीन की कमी की वजह से हमें भूख ज्यादा लगती है, फिर हम कुछ भी खा लेते हैं जैसे मीठा, चाट, पकौड़े आदि। इससे हमारे शरीर में एक्स्ट्रा कैलोरी आ जाती जो फैट का रूप ले लेती है।

7- 	सिर्फ़ पेट भरने के लिए मत खाएं

कोई भी चीज़ खाने से पहले एक बार यह ज़रूर सोचें कि जो हम खा रहे हैं वह हमारे शरीर के लिए कितना लाभदायक है। उसमें कितनी कैलोरी है, उसकी न्यूट्रीशनल वैल्यू क्या है। हां कभी कभार तो खा सकते हैं पर अगर रोजाना ऐसा होता है तो इसका हमारी सेहत पर बहुत बुरा प्रभाव पड़ सकता है।

बीएमआर (बेसल मेटाबॉलिज्म रेट)

यह ये दिखाता है कि हमें रोजाना स्वस्थ रहने के लिए कितनी कैलोरी की आवश्यकता होती है।

अगर हम अपने बीएमआर से ज्यादा कैलोरी लेंगे तब हमारा वज़न बढ़ेगा।

अगर हम अपने बीएमआर से कम कैलोरी लेंगे तब हमारा वज़न कम होगा।

अगर हम अपने बीएमआर के बराबर कैलोरी लेंगे तब हमारा वज़न उतना ही रहेगा।

बीएमआर निकालने का तरीका बहुत ही आसान है।

बीएमआर = 22.5 * वज़न (किलो)

आइये, अब हम जानते हैं कि बीएमआर के हिसाब से आप लगभग कितना वज़न कम कर सकते हैं-

बीएमआर	फैट लॉस पर मंथ	
1200-1400	1-2	kg
1400-1600	2-3	kg
1600-1800	3-5	kg
1800-2000	5-7	kg

इसलिए हमें अपने बीएमआर के हिसाब से कैलोरी लेना चाहिए।

3- आराम और नींद

जिस तरह से काम करते रहना हमारे शारीरिक, मानसिक, भावनात्मक स्वास्थ्य के लिए ज़रूरी है उसी प्रकार आराम और नींद भी अतिआवश्यक है।

- आराम और नींद से हमारी मांसपेशियों को आराम मिलता है।
- हम फिर से आगे का काम करने के लिए रिचार्ज हो जाते हैं।
- हमारा तनाव भी काफी कम हो जाता है।
- हमारी त्वचा में निखार आता है।
- मानसिक स्वास्थ्य बेहतर होता है, एकाग्रता और याद्दाश्त बेहतर होती है।

महिलाओं को प्रतिदिन 7 से 8 घंटे और पुरुषों को 6 से 7 घंटे कम से कम नींद अवश्य लेना चाहिए।

काम करने के दौरान बीच-बीच में थोड़ा सा आराम हमारे काम करने की क्षमता, गुणवत्ता को भी बढ़ा देती है।

सोने के लिए सबसे उत्तम समय रात्रि के 10:00 बजे से प्रातः काल 4:00 बजे तक का होता है।

रात के समय कैफीन का प्रयोग बिल्कुल ना करें।

कोशिश करें रात में सादा, हल्का खाना खाएं इससे आपको अच्छी नींद आने में मदद मिलेगी।

सोने के लिए कमरे में हल्की रौशनी या बिना रौशनी के भी अच्छी नींद आती है।

सोने से कम से कम 2 घंटे पहले मोबाइल, टीवी ना देखें स्क्रीनिंग टाइम कम करें यह एक अच्छी नींद आने में समस्यां पैदा करती है।

सोने से पहले बहुत ज्यादा किसी से बातें ना करें बहुत ज़रूरी हो तो ही बात करें क्योंकि बहुत ज्यादा बात करने से कभी-कभी वही सारी बातें हमारे दिमाग में घूमती रहती हैं और हमारी नींद पर भी इसका प्रभाव पड़ता है।

कोशिश करें सोने से पहले 10 से 15 मिनट मेडिटेशन करें इससे मन और मस्तिष्क शांत होंगे और आप एक अच्छी नींद का आनंद ले सकते हैं।

सोने के लिए हमेशा आरामदायक कपड़ों का चुनाव करें, कपड़े नम और ढीले हो।

बहुत ऊंची तकिया का प्रयोग ना करें।

रात को कोशिश करें दाहिनी करवट सोएं इससे गैस संबंधी समस्याओं से निजात मिलती है।

अगर दिल या लवर से जुड़ी कोई समस्यां है तो दाहिनी करवट सोने से उन पर प्रभाव कम पड़ेगा।

मेलाटोनिन नामक एक हारमोंस होता है, जो हमारे शरीर में नींद के चक्र को नियंत्रित करने में बहुत अहम भूमिका निभाता है।

यह हमारे शरीर को नींद के लिए तैयार करने में मदद करता है।

मेलाटोनिन के स्तर को बढ़ाने के लिए बहुत से तरीके हैं।

जैसे-

- एक निर्धारित समय पर सोना, अंधेरे में सोना, व्यायाम करना।
- स्ट्रेस से बचना।
- अंडे, मशरूम, चेरी जैसे खाद्य पदार्थ खाएं।
- रात में कैफीन का सेवन न करें।
- रात में स्क्रीनिंग टाइम (टीवी, मोबाइल) कम करें।
- रात में सोने से पहले गर्म दूध पिएं
- सुबह की धूप में बैठें आदि।

इन सरल आदतों का पालन करने से नींद की गुणवत्ता और समग्र स्वास्थ्य में सुधार हो सकता है।

यह किताब

यह पुस्तक मैं अपनी माताजी श्रीमती उम्मे हानी जी, सासू मां शमसुन निशा जी, पति मंज़ूर अहमद जी, पिताजी स्वर्गीय आफ़ताब अहमद जी, एवं ससुरजी स्वर्गीय मसूद अहमद जी को सादर समर्पित करती हूँ।

आप सभी का प्रेम, आशीर्वाद और मार्गदर्शन मेरी प्रेरणा का स्रोत रहा है।